N° 55

LA "BONNE COLLECTION"

Sébastien FAURE

Les Propos Subversifs

La Morale Officielle... et l'Autre

Prix 0.50

EN VENTE :

à "La Brochure Mensuelle"

39, Rue de Bretagne, Paris 3e

Sébastien FAURE

* * *

PROPOS SUBVERSIFS

LA
Morale officielle... et l'Autre

¶ Toute la Morale repose sur deux notions fondamentales : le Bien, le Mal.

¶ D'après la Morale officielle, est « Bien » tout ce qui sert les intérêts des Gouvernants et Possédants ; est « Mal » tout ce qui nuit aux dits intérêts. ::

¶ Similitude entre la Loi et la Foi. ::

¶ La valeur morale d'une action, sanction extérieure et intérieure. :: :: ::

¶ Les trois Vertus cardinales de la Morale officielle : :: :: :: :: ::
:: :: 1º La Résignation ; :: ::
:: :: 2º La Prévoyance ; :: ::
:: :: 3º La Charité. :: :: :: ::

¶ Type du Bourgeois et de l'Ouvrier dérivé de la Morale officielle. :: ::

¶ La vraie Morale ne peut s'épanouir qu'entre « Égaux » : morale solidaire et fraternelle. :: :: :: :: :: ::

Cette Conférence a été faite, le 14 décembre 1920, dans la grande salle de l'Union des Syndicats, à Paris.

Elle a été sténographiée par le camarade Louis Salafa, directeur de la Coopérative professionnelle (123, boulevard Diderot, Paris).

Cette sténographie a été littéralement reproduite, afin que cette Conférence parvienne au lecteur sans la moindre altération.

La Morale officielle... et l'Autre

Camarades,

Je ne me propose pas d'embrasser ce soir, dans son ensemble, tout le problème de la morale. D'illustres penseurs, des savants considérables, des historiens distingués, des philosophes éminents s'y sont essayés. Je ne dirai pas s'ils y ont pleinement réussi; mais je sais qu'ils y ont consacré de lourds in-folios, sans qu'il leur ait été possible, cependant, d'épuiser la matière, tant le problème est vaste et profond. Je n'aurai donc pas la vanité de prétendre à exposer dans son ensemble, et à plus forte raison à épuiser, dans une heure, un problème aussi délicat et aussi complexe. Je laisserai de côté, en conséquence, l'étude de la Morale, Science du bien et du mal, sorte de classification générale, en vertu de certains principes directeurs, des actions qu'il est recommandable d'accomplir, méritoire de faire, et des actions qu'il est répréhensible de commettre. Je me bornerai à étudier ce qu'est présentement, la *Morale officielle*, celle qui est en rapport avec le milieu social dans lequel nous vivons, dont nous faisons partie, la morale que l'on enseigne du haut des chaires officielles, dans les écoles et un peu partout. C'est du reste dans ce cadre, dans ces conditions et dans ces limites que je rattacherai l'étude de la morale que je me propose de poursuivre ce soir, l'étude de critique sociale que comportent mes *Propos Subversifs*.

Cette conférence sera donc, comme les précédentes, la suite méthodique, rigoureuse, logique, de celles que vous avez déjà entendues.

Rappelez-vous qu'au cours de ma première conférence j'ai traité de la question religieuse. J'ai consacré la deuxième à l'étude de la propriété ; la troisième à l'examen de l'Etat ; la quatrième à l'étude de la patrie. Celle-ci, la cinquième aura pour objet l'étude de la morale. Et de même que j'ai pu dire en parlant de la religion « *leur* religion » — j'entends par là celle des capitalistes ; — de même que, me situant en 1920, j'ai pu, parlant de la propriété dire « *leur* propriété », parlant de l'Etat dire « *leur* Etat », parlant de la patrie dire « *leur* patrie », de même je vais pouvoir aujourd'hui, parlant de la morale, dire « *leur* morale ».

La morale officielle, en effet, c'est la morale des Gouvernants, c'est la morale à l'aide de laquelle ils vivent, satisfaits et arrogants, au sein de la détresse générale, de l'affaiblissement et de la dépression des consciences et des volontés.

En morale, camarades, il n'y a que deux notions essentielles, fondamentales. Ces deux notions soutiennent à elles seules l'édifice moral tout entier : c'est la notion du Bien et la notion du Mal. Le Bien c'est ce qu'on doit faire, le Mal c'est ce qu'on doit éviter.

A l'idée de Bien on a coutume de rattacher l'idée de récompense, et à l'idée de Mal celle de châtiment, de punition.

Vous pouvez chercher, vous ne trouverez pas, dans les traités de morale plus ou moins alambiqués que les éditeurs peuvent mettre à votre disposition, autre chose de véritablement essentiel, fondamental, que ces deux notions : le bien et le mal, le bien ce qu'il faut faire, le mal ce qu'il faut éviter ; sanction du bien : la récompense, sanction du mal : la punition.

A première vue, il semble facile de préciser ce qu'il faut entendre par le bien et par le mal. Oui, c'est facile, en effet, quand on parle soit au nom de la Foi, soit au nom de la Loi. Religion et législation se sont chargées d'accomplir cette besogne. Et cette rencontre du prêtre et du juge, de celui qui représente Dieu et de celui qui représente la Justice, est extraordinairement suggestive. Cette collusion du prêtre et du magistrat dénonce les affinités qui existent entre ces deux êtres. Prêtre et juge représentent, aux yeux de la classe ignorante, crédule, superstitieuse, quelque chose de sacré, d'incompréhensible, de mystérieux, quelque chose au-dessus de la nature, quelque chose d'extra-humain, planant au-dessus de nos petites misères, de nos défaillances, de nos fautes et de nos erreurs. Dieu d'un côté, la Justice de l'autre. L'un et l'autre : prêtre et magistrat, possèdent les pouvoirs les plus absolus, les plus étendus, les plus illimités. C'est au nom de Dieu que le premier, le prêtre, rend pour ainsi dire des arrêts, et des arrêts qui décident de notre sort éternel, ciel ou enfer. Peut-on imaginer un homme disposant d'une autorité plus considérable, d'un pouvoir plus absolu, plus indiscutable que l'autorité de cet homme qui ouvre ou ferme à sa volonté les portes du paradis ou les portes de l'enfer?

Le magistrat, lui, dispose de notre liberté, de notre honneur, de nos intérêts. Il peut saisir celui qui passe sous une accusation fausse, mensongère. Par suite de sa déformation professionnelle, il voit toujours dans cet homme traîné devant lui, un coupable. Disposant de la liberté de ce présumé coupable, il le sépare du reste des vivants, le traque, le poursuit devant un tribunal, forme contre lui un dossier redoutable par lequel, d'avance, il est condamné, car le magistrat transmet le dossier à d'autres magistrats comme lui et les magistrats ne peuvent pas se déjuger entre eux. Pouvez-vous imaginer une autorité plus absolue, un pouvoir plus redoutable que celui-là?

Dans toute religion il y a deux parties : la partie théorique : principes, dogmes, croyances, celle qui sert de fondement à la religion tout entière ; et ensuite, la partie morale ou pratique : celle qui trace la ligne de conduite des adeptes en application de ces principes.

Dans la législation, il en est de même. Le droit comporte, en effet, d'abord, les principes sur lesquels repose ce qu'on peut appeler la justice ; puis, ces principes ayant été posés, établis, comme s'ils étaient à l'abri et au-dessus de toute discussion, il ne reste plus qu'à en fixer l'application, — c'est la partie morale de la législation.

Pour la religion comme pour la législation, il est extrêmement facile de préciser ce qu'il faut entendre par le bien et par le mal.

Le prêtre dit : Est Bien, doit être considéré comme tel, tout ce qui est conforme à la loi, aux commandements de Dieu et aux enseignements de l'Eglise. Un point, c'est tout. Est Mal, tout ce qui est contraire à cette loi de Dieu, à ces enseignements de l'Eglise, aux commandements de Dieu et de l'Eglise.

Et le législateur, employant la même formule, dit, avec la même autorité, la même certitude, en termes aussi catégoriques : le Bien, c'est ce qui est conforme à la Loi ; le Mal, c'est ce qui est contraire à celle-ci.

Il y a là, vous le reconnaîtrez, une manière expéditive et simpliste de résoudre les cas de conscience. Inutile, en effet, de se mettre martel en tête. Pourquoi, à certaines heures, dans des circonstances troubles, pourquoi rechercher confusément et dans l'obscurité la direction que notre volonté doit prendre? Pourquoi sentir cette perplexité, ou tout au moins cette hésitation, qui fait qu'avant de nous décider nous réfléchissons, Pour celui qui s'inspire de la foi ou de la loi, pour celui qui accepte cette définition : « le Bien est ce qui est conforme à la loi » et, en religion, « le Mal est ce qui est contraire à la religion », cette hésitation n'a aucune raison d'être. Tout se borne tout simplement à établir, dans une bonne comptabilité, sur deux colonnes distinctes, d'une part, la liste de toutes les actions conformes à la loi et à la religion, et déclarées bonnes et méritoires, et, sur l'autre colonne, la liste des actions qui, contraires à la loi et à la religion, sont déclarées coupables et répréhensibles.

Alors, plus de cas de conscience. Il s'agit tout simplement de consulter les deux colonnes, de voir dans laquelle se trouve l'action qu'on va commettre et de se dire : « Ai-je avantage à me décider pour l'action méritoire qui m'attirera la récompense, ou bien vais-je me laisser aller à l'action coupable, dût-elle me valoir un châtiment? » C'est l'objet d'une bonne comptabilité. On est plus ou moins adroit en pareille circonstance, mais en réalité la morale n'a rien à voir là-dedans.

Aux siècles de foi, pendant tout le moyen âge et pendant presque tout le xviiiᵉ siècle, on peut dire qu'entre la religion et la loi, entre la règle chrétienne et la règle civile, un accord parfait existait. C'était fatal. La loi civile s'inspirait de la religion. Elle était, en quelque sorte, dominée par la pensée chrétienne, pénétrée, pour ainsi dire, par celle-ci. Loi et foi étaient deux choses si étroitement liées qu'elles n'en faisaient, en quelque sorte, qu'une. La règle civile n'était, en réalité, que la règle religieuse dépouillée de sa parure mystique. Dans le domaine temporel, les rois, les seigneurs, les vassaux étaient exactement comme le pape, les évêques, les fidèles — rois, seigneurs et vassaux — dans le domaine spirituel. La hiérarchie chrétienne et la hiérarchie civile étaient le reflet l'une de l'autre et il était naturel que la règle de l'une fût à peu près celle de l'autre.

Mais 1789 survint, ébranlant quelque peu cet accord. Oh! rassurez-vous. L'accord ne fut pas complètement rompu, si ce n'est en apparence. Il a persisté. Aujourd'hui, il est plus discret. L'intelligence entre les deux forces — loi et foi — se fait d'une façon plus détournée ; ce n'est pas une charte officielle, ouverte, c'est une convention secrète ; voilà tout.

Il a bien fallu tenir compte de l'esprit nouveau. La morale officielle est aujourd'hui une sorte d'amalgame moitié spiritualiste, moitié matérialiste, saturée de toute la pensée chrétienne d'avant 1789 et s'inspirant en même temps des idées nouvelles dans une certaine mesure.

Remarquez encore ce trait de ressemblance entre la foi et la loi. Dans le cours de notre existence, quand il s'agit d'un fait marquant de notre vie, d'un fait qui fait époque, regardez : vous avez près de vous, d'un côté un prêtre, représentant de Dieu, de l'autre, le représentant de la Loi. A votre naissance, le baptême et l'état civil. Plus tard, première communion et école laïque. Plus tard encore, mariage, — mariage religieux à l'église et mariage civil à la mairie. Tout le temps de son existence, le chrétien est sous l'emprise de l'église, et le citoyen sous l'emprise de la loi. Le percepteur est là qui rappelle tous les ans au citoyen qu'il doit payer l'impôt. Sans compter la caserne, l'armée, qui le gardent vingt-cinq ans, — et il paraît que ça va être vingt-huit ans. Enfin, quand vient la mort, l'église est encore là : derniers sacrements, extrême-onction et enterrement religieux ; tandis que l'état civil enregistre aussi le décès. De telle sorte qu'à toute époque de notre existence, nous avons toujours à nos côtés ce représentant de Dieu et ce représentant de la Loi : le prêtre et le fonctionnaire.

J'ai l'air, camarades, de m'éloigner de mon sujet. Vous allez voir, cependant, que j'y suis en plein. Car la morale officielle est, pour ainsi dire, comme ce confluent que grossissent les eaux de deux rivières ne formant plus qu'un cours d'eau et emportant le tout vers la même direction. Rivière religieuse d'un côté, rivière civile de l'autre, qui, à un moment donné, arrivent à confondre leurs eaux et à les épandre dans la même direction de servitude et d'oppression sur les volontés et sur les consciences.

La morale est, en effet, propice aux intérêts des maîtres et des riches. Et j'avais bien raison de dire tout-à-l'heure :

leur morale. De ce mariage secret entre la foi et la loi, la morale officielle a hérité de deux erreurs grossières.

La première, c'est que cette morale actuelle comporte un caractère de fixité emprunté en quelque sorte au dogme, dogme religieux de Vérité éternelle, dogme philosophique de principes fondamentaux et intangibles.

Pour donner à la morale, à la règle morale, l'autorité nécessaire, on a cru, en effet, qu'il était décent de l'asseoir sur des bases qui ne changent pas. Et pour lui donner l'ascendant nécessaire sur les consciences et sur les volontés, la morale s'inspire de vérités éternelles et non des conditions dans lesquelles, dans le tréfonds de sa nature, l'homme vit et se développe.

Il y a là, camarades, une lourde erreur. La morale est une science, et comme telle, elle se constitue lentement, peu à peu, par voie de tâtonnements, de rectifications, d'améliorations successives. La morale n'est que la série des adaptations successives aux conditions de la vie. Or, ces conditions de la vie sont perpétuellement changeantes. Rien n'est fixe dans la nature. Rien n'est stable, rien n'est permanent, rien n'est immobile. Tout, au contraire, change, tout se modifie et évolue dans le temps et dans l'espace ; tout se transforme. Et la morale, tout naturellement, suit cette évolution générale. Elle ne peut pas y échapper. Elle est faite par les hommes, et, les hommes changeant incessamment, il est naturel qu'elle change avec eux, en même temps que ceux qui la règlementent et que ceux à qui elle s'applique.

Si on voulait grouper tous les volumes écrits touchant les modifications incessantes de la règle morale à travers les siècles, on constituerait vraisemblablement une bibliothèque considérable. Vous vous rappelez le fameux *Vérité en-deçà des Pyrénées, erreur au-delà*, — ce qui veut dire que la vérité n'est pas la même selon les climats, selon les pays. On peut en dire autant de la morale. Bien ici, Mal là.

Rien ne serait plus facile que d'opposer la morale actuelle aux morales passées, et de démontrer qu'une multitude d'actions considérées autrefois comme méritoires sont aujourd'hui répréhensibles. Voilà une première erreur et nous en verrons les conséquences tout à l'heure.

La seconde erreur qui est à la charge de la morale officielle, c'est qu'elle a cru devoir, à l'instar des religions, attacher une sanction de récompense extérieure ou de châtiment à toute action. Je prétends que cette sanction de récompense ou de châtiment enlève à nos actions toute valeur morale. « Dois-je faire telle chose? — oui , si cela doit me rapporter. Dois-je éviter telle autre chose? — Oui, si je dois être puni. » Eh bien ! quand on raisonne de la sorte, quand on agit pour mériter la récompense et uniquement pour cela, ou pour éviter un châtiment et uniquement pour cela, l'acte qu'on commet, quel qu'il soit, n'est pas un acte moral, c'est un acte neutre. C'est un acte de bonne comptabilité, comme je disais tout à l'heure. Il s'agit de discerner le plus avantageux : entre deux récompenses, aller vers celle qui vous paraît la plus désirable ; entre deux châtiments, éviter celui qui vous paraît le plus cruel, dussiez-vous subir le moindre. Question de calcul, de bonne comptabilité, à laquelle la morale est totalement étrangère.

Ce point est extrêmement important, et je voudrais, pour que vous pussiez saisir clairement ma pensée sur le vif, appuyer ma thèse sur quelques exemples.

Voici un jeune homme. Il convoite la main — la main, c'est une façon de parler, je devrais dire la dot — d'une jeune héritière. Il n'a pour elle aucun amour; ce n'est pas la passion qui l'inspire ; mais il sait qu'elle est puissamment riche et qu'elle le sera davantage un jour. Il convoite la dot de cette jeune héritière. Celle-ci a été élevée au couvent. Elle appartient à une famille profondément attachée aux choses de la religion. Elle est, elle-même, extrêmement pieuse et n'acceptera pour époux qu'un homme qui manifestera une piété profonde. Le jeune homme en question ne croit ni à Dieu ni au diable. Seulement, il croit à la fortune, il croit à la richesse, et, à défaut d'autre Dieu, il a le culte de l'or. En sorte qu'il désire être agréé à tout prix par cette jeune fille. Pour se marier avec elle, il feindra volontiers la piété la plus profonde, il accomplira toutes les cérémonies, il prononcera tous les *oremus* et se laissera aller à tous les salamalecs d'usage dans les familles pieuses, en pareil cas. Le mariage a lieu.

Et voici un autre jeune homme. Celui-là est, au contraire passionnément épris d'une jeune fille pauvre. Il en est aimé. L'un comme l'autre n'écoutent que la voix de la nature et ont le désir ardent de vivre ensemble. Sans consulter ni monsieur le Maire, ni monsieur le Curé, ils s'unissent.

Quelle sera la valeur morale de ces deux unions? La première recevra toutes les bénédictions de l'Hôtel de Ville et de la Société. La seconde sera considérée comme une profanation de l'amour véritable et sacré. Aux premiers époux, jusqu'à la fin de leurs jours, les bénédictions de l'Eglise. Aux seconds, au contraire, sera réservé le jugement le plus sévère. Ces deux jeunes gens qui se sont unis simplement parce qu'ils s'aimaient seront considérés par l'Eglise et par la Loi, comme vivant en concubinage, par conséquent, au point de vue religion, comme en état de péché mortel, et s'ils ne régularisent pas leur union avant leur décès, ils seront voués aux tourments infernaux.

La récompense, vous le voyez, va à celui qui a su manœuvrer habilement et pour qui le mariage n'a été qu'un calcul et une comédie indigne. Son acte n'est pas un acte moral et cependant il est récompensé. Quant à l'autre, je serais bien aise que quelqu'un vînt m'expliquer en quoi il peut être répréhensible de céder, lorsqu'on est jeune, à la voix de la nature et de se prouver qu'on s'aime, quand on s'aime avec pureté et désintéressement.

Autre exemple. Et ici c'est la règle laïque, plus encore que la règle religieuse, la règle civile qui va intervenir.

Une jeune femme se promène sur les bords d'un cours d'eau. Elle est accompagnée d'un bébé. L'enfant joue ; la mère lit ; elle s'est assise et, absorbée dans sa lecture, elle a un instant perdu de vue le petit. Celui-ci, en jouant, est tombé dans la rivière ; il est en danger de mort ; il va se noyer.

Un homme est là, jeune encore, vigoureux, robuste. La mère, affolée, se précipite vers cet homme et lui dit, suppliante : « Sauvez mon enfant! » Celui-ci a été témoin de l'accident ; il n'en est pas autrement ému ; il se dit : « Après tout, je ne connais pas cette femme ni cet enfant ; je ne vois pas pourquoi j'irais me jeter à l'eau et peut-être même courir le risque de me noyer pour quelqu'un qui ne m'est rien ; et puis, la mère n'avait qu'à surveiller davantage son petit. »

Il hésite, et le temps passe. La mère, désespérée, s'écrie : « Je vous en conjure, je vous donne, si vous le voulez, ma fortune pour sauver mon enfant ; vous n'avez pas l'air riche, voulez-vous mille francs si vous allez à son secours? »

L'homme hésite.

« Dix mille francs, si vous le ramenez dans mes bras? »

Dix mille francs! L'homme commence alors à se dévêtir et se prépare à se jeter à l'eau.

Mais voici qu'un autre homme, qui a aperçu l'enfant qui se noyait, est accouru ; il est arrivé tout près de l'endroit où l'enfant a disparu et, sans hésiter, s'est précipité à l'eau. Il a la bonne fortune de saisir l'enfant, le ramène sur le rivage et le place dans les bras de sa maman. Et, aussitôt qu'il est assuré que l'enfant est sauvé, qu'il est vivant, qu'il ne court plus aucun danger, il s'éloigne.

La mère veut le rappeler et veut remercier cet homme. Et celui-ci lui dit : « Mais, Madame, ce que j'ai fait est tout naturel et ne mérite nulle reconnaissance ; et puis, je suis si heureux d'avoir vu briller des larmes de joie dans vos yeux qui, tout à l'heure, étaient mouillés de larmes de tristesse. »

Et il s'en va, non sans entendre l'expression de la reconnaissance de la mère, mais, bien entendu, sans attendre qu'elle lui fasse des propositions de récompense.

Eh bien! camarades, je fais cette supposition : au lieu que ce soit cet homme, le second, qui ait sauvé l'enfant, je suppose que ce soit le premier. L'enfant était toujours sauvé, rendu à sa mère. Mais ne comprenez-vous pas la différence qu'il y a, l'opposition qui existe, au point de vue moral, entre les deux actes dont l'un n'eût été décidé par son auteur que par l'appât d'une récompense, tandis que l'autre, au contraire, n'aurait eu d'autre but que de sauver l'enfant en péril et de rendre à la mère ce petit qu'elle aimait? Cet homme n'a pas obéi à d'autres considérations. Voilà un acte véritablement moral, parce qu'aucune idée de récompense n'y est attachée.

Vous sentez aussi bien que moi que toutes les fois qu'une sanction intervient — et qui, seule, détermine l'acte — cette sanction suffit pour enlever toute valeur morale à l'acte lui-même.

Je ne dis pas, remarquez-le bien, qu'un acte ne comporte pas de sanction. Je dis exactement le contraire. Tout acte porte en soi une sanction, mais c'est une sanction intrinsèque, certaine, intérieure et non extérieure, inhérente à l'acte lui-même.

Ce n'est pas une sanction problématique et incertaine, c'est une sanction certaine, parce qu'elle est attachée à l'acte même. Si vous accomplissez une bonne action, vous en éprouvez de la joie ; si vous en commettez une mauvaise, vous en éprouvez du regret. Si vous buvez avec excès ou si vous mangez jusqu'à l'indigestion, vous êtes malade : la voilà, la sanction. Si, au contraire, vous suivez un régime régulier, si vous évitez les excès, vous êtes d'ordinaire bien portant : la voilà aussi, la sanction.

Dans le domaine physique, la sanction, c'est la bonne ou la mauvaise santé, c'est la force ou la faiblesse, c'est la longévité ou l'existence courte. Dans le domaine moral, c'est cette joie intime et profonde qui fait que l'on peut comparaître hautement devant sa propre conscience, se rendre justice et éprouver une joie indicible, une fierté incomparable. Descendez dans la conscience de ce sauveur désintéressé et vous verrez que son cœur est inondé d'une joie qui est à la fois la plus noble, la plus pure et la plus certaine des récompenses.

Le trait essentiel de la morale officielle, c'est la duplicité, c'est-à-dire l'hypocrisie, la fourberie, et ce trait apparaît manifeste, éclatant, dans l'étude de ce que j'appelle les fausses vertus, les vertus qui n'en sont pas, et qui, à mes yeux, sont des vices.

Il y en a trois surtout qu'on pourrait considérer comme les vertus cardinales recommandées par la morale officielle. Je les énumère d'abord, nous jetterons ensuite un coup d'œil sur chacune d'elles : 1° *la résignation ;* 2° *la prévoyance ;* 3° *la charité.*

Si l'on se place sur le plan de la morale avec sanction extérieure, toute vertu doit être utile à qui la pratique. Celui qui la pratique doit y trouver un avantage, un bénéfice matériel ou moral ; il doit y trouver son compte ; sans quoi, pourquoi pratiquerait-il une vertu qui ne lui rapporterait rien ?

Eh bien, ces trois vertus cardinales du monde bourgeois : résignation, prévoyance, charité, ne sont pas avantageuses à ceux à qui on les recommande : les opprimés et les pauvres ; elles ne le sont qu'aux gouvernants et aux possédants ; et, par conséquent, elles sont, dans la même mesure, nuisibles aux gouvernés et aux travailleurs.

La résignation, c'est ce mouvement et cette habitude qui inclinent celui qui souffre à supporter sans rien dire, sans murmurer, sa douleur. L'esprit de résignation est, comme vous le voyez, contraire à l'esprit de révolte. Le résigné, c'est celui à qui on a fini par persuader que, de tout temps, il y a eu des pauvres, qu'il est bon qu'il y en ait et qu'il y en aura toujours ; que la vie est faite d'adversités, de douleurs, d'amertumes ; que, si on veut être heureux, il ne faut pas regarder ceux qui sont au-dessus, mais, au contraire, ceux qui sont au-dessous de soi ; qu'il faut savoir se contenter de peu ; et puis, que la révolte est inutile et dangereuse. « A quoi bon se révolter? disent les prêcheurs de résignation, la révolte est stérile et dangereuse ; il vaut mieux se résigner, de gré ou de force ; résignez-vous donc, pauvres diables! Et poussez la résignation jusqu'à ne rien faire pour tenter de sortir du cercle de souffrance dans lequel vous êtes enfermés. Gardez-vous d'essayer d'améliorer votre sort. Résignez-vous ; courbez la tête ; prenez votre parti de toutes les douleurs qui vous accablent. Gardez-vous d'être syndiqués ; qu'iriez-vous faire dans les syndicats? Entendre les mauvais conseils de ceux qui ne veulent pas se résigner? Gardez-vous aussi d'être socialistes ; qu'iriez-vous faire dans les groupements socialistes? Fréquenter ces gens qui veulent tout bouleverser? Mais surtout ne soyez pas anarchistes ; qu'iriez-vous faire, quelle figure feriez-vous, au milieu de ces hommes qui sont les pires bandits, des êtres de sang et de mort, de sac et de corde, qui ne songent qu'à ne rien faire et à bien vivre aux dépens des autres? »

J'ose opposer à l'esprit de résignation l'esprit de révolte.

Ah! je comprends jusqu'à quel point la résignation des foules est profitable aux maîtres, aux riches et aux gouvernants. Tant que les foules sont inclinées, tant qu'elles restent agenouillées, tant que, sous le fouet du maître, elles ne regimbent pas, tant qu'elles se laissent aller à cette résignation qu'on leur conseille, les riches peuvent dormir tranquilles et digérer béatement. Leurs plaisirs et leurs loisirs ne sont jamais troublés par ceux dont les têtes s'inclinent.

Seul, l'esprit de révolte a pu déterminer dans l'histoire,

de loin en loin, des progrès appréciables. Si l'esprit de révolte ne s'était pas emparé de l'humanité à certaines heures, nous en serions encore à l'âge de pierre. Ce serait encore l'homme le plus brutal et le plus musclé qui serait notre maître ; son coup de poing formidable serait la seule loi sous laquelle il faudrait s'incliner. L'esprit de révolte, c'est l'esprit de révolution ; l'esprit de résignation, au contraire, c'est l'esprit de passivité et d'obéissance.

Comprenez-vous pourquoi la résignation est indiquée comme une des vertus fondamentales de l'ordre social par la classe capitaliste? Ce n'est pas dans l'intérêt des résignés ; c'est dans l'intérêt de ceux que l'absence de résignation — j'entends par là l'esprit de révolte — menacerait dans leurs privilèges.

Et voici la seconde vertu cardinale : la prévoyance.

« Travailleurs, privez-vous! Economisez! C'est, d'abord, pour vous, le seul moyen de parvenir. Peut-être à l'aide des économies que vous aurez si péniblement amassées, vous pourrez vous faire une petite situation, vous approcher du patronat, devenir patron à votre tour. Et puis, songez à vos vieux jours. Quand vous serez parvenus à la vieillesse, que vous ne serez plus capables de manier l'outil, que vous serez renvoyés de partout — des bureaux, des ateliers, des chantiers, des usines, — que votre corps ne pourra plus se pencher vers la terre pour la cultiver, alors, si vous n'avez pas été prévoyants, vous mourrez de faim. Economisez donc, soyez prévoyants! »

Mais ces gens-là ne se rendent donc pas compte que de tels conseils sont le réquisitoire le plus formidable qu'on puisse élever contre leurs institutions sociales? Dire au pauvre diable qui a déjà tant de peine à vivre, qui, lorsqu'il travaille, gagne tout juste de quoi se suffire et élever ses enfants, lui dire d'économiser, mais c'est lui apprendre — s'il ne le savait déjà, — qu'il vit dans une société d'où la solidarité est bannie, qu'il est seul contre tous, que, s'il est malade, personne ne le soignera, que, s'il est sans travail, personne ne lui viendra en aide, que, s'il devient vieux et s'il n'a pu économiser, personne ne lui tendra une main secourable. N'est-ce pas, je le répète, le réquisitoire le plus formidable qu'on puisse prononcer contre la société elle-même?

Mais les bourgeois sont tellement aveuglés par le souci de leurs propres intérêts, qu'ils ne voient pas cela et qu'ils s'imaginent qu'en prêchant la prévoyance, ils donnent un conseil salutaire en même temps qu'ils enseignent une véritable vertu à ceux qui ont la faiblesse de les écouter.

La prévoyance est, du reste, lettre morte pour l'immense majorité des travailleurs. Le salarié ne peut pas épargner, — ou si peu! A peine a-t-il mis de côté quelques centaines de francs, que la maladie passe dans sa famille, qu'un enfant vient ou qu'un autre s'en va ; il y a toujours quelque chose : maladie, chômage, accident, catastrophe imprévue, mort ou naissance, il y a toujours quelque chose qui fait que la ménagère qui, chez elle, avec l'aide de son compagnon, a fini par mettre péniblement quelques sous de côté, est obligée d'entamer la réserve et la voit disparaître.

La prévoyance reste peut-être à l'état de désir chez le travailleur ; elle devient rarement une réalité bienfaisante. Il y a, au contraire, tout avantage pour les capitalistes à prêcher la prévoyance : celui qui est prévoyant, celui qui s'habitue insensiblement à vivre de peu, très peu, celui qui rogne le plus possible sur les dépenses à faire, celui qui se fait scrupule de ne pas dépenser sans nécessité la moindre somme, celui qui s'impose des privations, celui-là est un ouvrier comme les patrons les aiment. Il est disposé, quand on lui impose un salaire moindre, à l'accepter, puisqu'il peut vivre quand même, qu'il a fait des économies et qu'il ne redoute rien autant que de ne pas travailler. Il a 25 francs par jour et il met 6, 7 ou 8 francs de côté. Il peut donc se contenter de 16, 17 ou 18 francs.

Et voici que je parle de choses actuelles : ce que je dis n'est pas simplement une hypothèse. C'est au contraire ce qui ce passe en ce moment. Les patrons rognent de plus en plus les salaires. Ils luttent contre les salaires trop élevés, disent-ils. Et pour provoquer cette fameuse vague de baisse dont on parle sans cesse et qu'on ne voit pas souvent, les patrons tentent de diminuer le prix de la main-d'œuvre. Eh bien! cet homme qui trouve le moyen, en gagnant 25 francs par jour, d'en économiser 6, 7 ou 8, s'inclinera plus facilement devant le patron que celui qui, avec 25 francs, peut tout juste vivre et trouve même qu'il ne gagne pas assez. Ce dernier se défendra et défendra son salaire. Il est évident que l'autre ne le défendra pas avec la même vigueur.

Il ne fera jamais grève. Il n'y a pas de danger que lui, prévoyant, fasse grève! Celui dont l'unique souci est d'épargner, de mettre de côté, de se constituer un petit magot, veut toujours travailler. Il considère la grève comme un état de choses désastreux pour lui et les grévistes comme ses pires ennemis. Ce ne sera pas, par conséquent, lui qui fera grève. Il est, au contraire, tout désigné pour la jaunisse.

Et puis, soyez perspicaces : même s'il advient que des travailleurs, écoutant les conseils de prévoyance, parviennent à réaliser quelques économies, à constituer quelque épargne, ce sera encore une bonne fortune pour les capitalistes. Ils savent pratiquer avec adresse le drainage périodique de l'épargne. Ils savent râfler ce qui se trouve dans les bas de laine ou dans les armoires, par des emprunts, par des valeurs à lots, par la spéculation dite avantageuse. Et comme, en général, le travailleur n'est pas très au courant des choses de la Bourse, il prend comme valeurs de tout repos des valeurs qu'on vend à la Bourse, c'est vrai, mais qui n'ont souvent que la valeur du papier. Ainsi, les prévoyants, les épargnants sont dépossédés par la spéculation. Ce sont les grands banquiers, les agioteurs qui drainent cette épargne si péniblement réalisée ; si bien que le travailleur qui a économisé se trouve un jour dans la même situation que celui qui n'a jamais mis un sou de côté.

Vous connaissez, par ailleurs, la mentalité de ces épargnants. Vous les avez rencontrés, ces gens qui n'ont que quelques billets de mille francs. Ils sont d'une rapacité sans égale! Au point de vue capitaliste, ils sont indécrotables. Ils tiennent à leurs quatre sous, quasi plus que le millionnaire à ses millions. Et ils considèrent le socialiste, l'anarchiste surtout comme voulant mettre la main sur ce qu'ils ont péniblement amassé. On ne cesse, au surplus, de leur dire : « Tu vois bien que ce sont tes ennemis, à toi qui as eu tant de peine à mettre de côté quelques milliers de francs, tandis qu'eux, les anarchistes, faisaient la noce, allaient chez le bistro et ne travaillaient pas. Et ces fainéants, ces débauchés, ces ivrognes voudraient maintenant prendre tes quatre sous. Il faut te défendre contre eux. »

Il n'y a pas de danger que l'épargnant soit socialiste ou anarchiste. Il est avec le patron, avec les bourgeois, avec les gouvernants. C'est un bon électeur, un électeur qui vote toujours pour le candidat officiel, pour le candidat du gouvernement.

Nous, nous comprenons la prévoyance, mais nous ne la concevons pas de la même manière. Nous admettons la prévoyance, mais pratiquée en commun. Nous savons que dans une société fédéraliste, dans une société communiste libertaire, celle à laquelle nous travaillons et vers laquelle nous aspirons, il faudra songer à être prévoyant. Mais l'épargne ne se fera pas par chacun et pour chacun. Elle se fera d'une façon commune, en prévision d'une disette possible ou d'une calamité quelconque. Il peut y avoir crise sur le bétail, crise sur le blé, crise sur l'ensemble des produits et en prévision de ces crises, il est bon d'avoir des réserves. Nous concevons la prévoyance pratiquée, non pas par quelques-uns, au détriment des autres, mais au contraire, pratiquée par tous au bénéfice de tous.

La troisième fausse vertu, c'est *la Charité*. Celle-là, c'est la plus répugnante des trois. C'est une précieuse, une magnifique, une incomparable soupape de sûreté pour les riches.

C'est, pour le pauvre diable, la main tendue à la façon d'une sébille. C'est l'affamé regardant d'un air suppliant et invoquant d'une bouche implorante la bonne charité du passant.

La main tendue! La bouche implorante! Celui qui n'a rien puisqu'il est obligé de demander aux autres! Celui qui a été dépossédé, puisqu'il est réduit à la misère! La main tendue, lorsque le poing devrait se fermer! La bouche implorante lorsque les lèvres devraient vomir l'imprécation et la haine contre ceux qui l'ont condamné à cet état de misère!

Et ce sont toujours les mêmes qui donnent et ce sont toujours les mêmes qui reçoivent. Ah! quel contraste entre la solidarité et la charité! Il y a solidarité entre ceux qui, tour à tour, donnent ou reçoivent : « Tu es pauvre, je le suis aussi ; tu es momentanément gêné ; mais ce qui est à moi est à toi. Prends. Tu es mon frère. Je sais que, demain, si c'est toi qui es dans l'aisance et moi dans l'embarras, je pourrai puiser dans ta poche comme tu as le droit de puiser dans la mienne. » Nous exaltons la solidarité, oui ; mais nous combattons la charité!

La charité implique deux classes : l'une à qui appartient tout le superflu, l'autre à qui est réservée toute la misère ; la première prélève quelque chose — peu de chose — sur son superflu pour que ne meure pas tout à fait et surtout pour que ne se révolte pas la seconde. Voilà le secret de la charité!

La charité, c'est l'arrogance de celui qui laisse tomber de sa main l'aumône par laquelle il se considère comme bienfaiteur de l'humanité; et c'est la platitude, une platitude servile et rampante chez celui dont l'existence est attachée au morceau de pain ou à la pièce de monnaie qu'il sollicite.

La charité, c'est l'asile de nuit ; c'est, à la porte des restaurants ou des maisons bourgeoises, la distribution de soupe ; ce sont les bons de pain, les bureaux de bienfaisance, l'assistance publique ! Ce sont les orphelinats pour les enfants, les hospices pour les vieillards ; c'est cette floraison incroyable de philanthropie sur le fumier social.

Voilà ce qu'est la charité, pour les pauvres. Et, pour les riches, ce sont les soirées de gala, les représentations, les spectacles à grand tra-la-la ; ce sont, quand une catastrophe éclate et fait scandale, les ventes aux comptoirs des riches sur les cadavres des pauvres, l'occasion pour toutes les vanités mondaines de s'exhiber. Madame parle des pauvres et elle fait la charité en promenant dans de riches salons cinq cent mille francs de bijoux sur ses épaules nues et fardées. Voilà ce qu'est la charité pour les riches.

Donc, pour les pauvres, l'humiliation et la douleur, et pour les riches, au contraire, l'arrogance et le plaisir.

On dit — et j'ai souvent entendu dire — en parlant d'un de ceux qu'on appelle « les bons riches » : « Il fait tant de bien! » Quand j'entends une telle réflexion, je ne puis me défendre de faire celle-ci : « Faut-il qu'il ait volé des millions pour en lâcher si facilement! »

Telles sont, camarades, les fausses vertus où éclate plus particulièrement l'hypocrisie sociale. Tout y est comédie. On enseigne et on recommande l'amour, l'amour fraternel, l'amour entre les hommes. La morale officielle nous dit : « Aimez-vous, aimez-vous! » Et on nous précipite les uns contre les autres. Tout autour de nous il n'y a que luttes, conflits, violences, guerres. Comment voulez-vous que s'épanouisse en nos cœurs la fleur d'amour, alors qu'on y jette à pleines mains tous les ferments de la haine? Il est impossible qu'on s'aime.

On s'aimera dans une société où les causes de haine auront disparu. Tant que ces causes de haine persisteront, vous aurez beau prononcer les mots d'amour, d'entente et de fraternité, faire tomber de vos lèvres les paroles les plus éloquentes et faire entendre les exhortations les plus persuasives, personne ne vous écoutera. A peine aura-t-on applaudi à vos paroles éloquentes, qu'on se retrouvera jeté dans la mêlée, au contact des nécessités, obligé de se défendre ou d'attaquer, de jouer des coudes pour ne pas être écrasé. Où sont ceux qui, tombés ou déchus, voient un de leurs frères en humanité perdre son temps à leur tendre la main afin de les aider à se relever? Chacun va à ses plaisirs, à ses affaires, à sa fortune, à ses ambitions. On ne s'inquiète pas de celui qui est tombé. On n'a pas de temps à perdre. Et de quoi servirait-il de lui tendre la main? On n'a rien à attendre de celui qui est tombé; on ne peut que se compromettre en volant à son secours. Mieux vaut passer sur son ventre, on est plus haut et on marche plus vite.

On nous dit : « Aimez la vérité, fuyez le mensonge ; aimez ce qui est vrai, ce qui est beau, ce qui est juste. »

Et, dans notre société, tout est mensonge, laideur et injustice. Tout est mensonge : l'honnêteté des commerçants? Mensonge! La bonté des patrons? Mensonge! La sincérité des politiciens? Mensonge! La gloire des militaires? Mensonge! Le désintéressement des hommes d'Etat? Mensonge!

On glorifie le travailleur? Oui... au théâtre! Dans les romans! Vous avez vu, dans les cérémonies officielles, ce monsieur en redingote noire et en cravate blanche, ce personnage représentant le gouvernement et qui tend une main qui n'a jamais travaillé, une main blanche, fine, aristocratique, à la main calleuse d'un vieux travailleur et pose sur sa poitrine la médaille des vieux ouvriers? Quelle comédie!

Dans les romans, oui, on louange le travail. Mais dans la vie, au contraire, c'est à l'oisiveté, aux portefeuilles bien garnis que vont toutes les adulations, tous les sourires, toutes les flatteries et toutes les considérations. On heurte, sans égards et sans s'excuser, le vieux travailleur qui a consacré toute sa vie à un labeur pénible, humiliant, ingrat, et qui marche, modeste, effacé, tandis qu'au contraire on s'écarte sur le passage d'un jeune adolescent qui a trouvé cent mille francs de rente dans son berceau, qui n'a jamais fait autre chose que se promener, qui ne sait pas ce que c'est que travailler, qui vit du travail des autres? C'est lui qui est l'homme respecté, c'est à lui que vont les honneurs. Malheur et mépris à celui qui travaille! Bonheur et considération à celui qui ne fait rien!

Bourgeois, votre morale a produit deux types classiques. Et je voudrais qu'il me fût donné de bien brosser, de bien tracer ces deux types classiques de la morale bourgeoise : l'ouvrier sérieux d'abord, le bon bourgeois ensuite.

L'ouvrier sérieux, sorte de bête de somme, pas méchant, ce qu'on appelle un « boulot », travaillant d'arrache-pied, toujours bien avec le patron, s'inclinant devant le contremaître, ne discutant jamais les ordres qui lui sont donnés, briguant dans la coulisse la succession du contre-coup, capable, pour évincer celui-ci et prendre sa place, de toutes les petites saletés, à condition qu'on n'en sache rien ; et, autant il est rampant quand il est simple ouvrier, autant, quand il a réalisé son rêve et est devenu contre-maître, il devient hargneux, méfiant, jaloux, arrogant, susceptible et méchant.

Voilà le type du bon ouvrier selon la morale bourgeoise. Oh! il ne fait jamais grève, celui-là! Il se garderait bien de formuler des revendications que son patron pourrait trouver excessives. Il n'est même pas syndiqué. S'il était anarchiste, ce serait l'abomination de la désolation. Il n'est pas militant. Il vit au jour le jour et il se contente, quand ses camarades de travail, à la faveur d'un geste énergique, obtiennent des conditions meilleures, il se contente d'en profiter.

Le type du bon bourgeois? Être médiocre, terne, sans dignité, sans franchise. Il a horreur d'exprimer franchement une opinion. D'abord a-t-il une opinion? Mais, s'il en a une, il se garde bien de l'exprimer. Cela lui ferait du tort dans ses affaires, Il est lâche ; lâche avec ceux qui sont au-dessus de lui, parce qu'il a quelque chose à craindre ou à espérer d'eux ; mais il est arrogant et plein de morgue envers ceux qui sont au-dessous de lui. Il se venge en quelque sorte de l'humilité dans laquelle il vit par rapport aux uns par l'humilité dans laquelle il exige que ceux qui sont plus bas que lui vivent par rapport à lui. Cela lui permet de maintenir une sorte de juste équilibre entre ceux qui sont au-dessus et ceux qui sont au-dessous de lui. Il forme, pour ainsi dire, le trait d'union très effacé entre les uns et les autres. Ce qu'il aime par dessus tout, c'est la tranquillité. Il désire avant toutes choses que rien ne trouble la sérénité de son esprit. Pas d'histoires, pas d'ennuis. Et, après la tranquillité, la chose à laquelle il attache le plus de prix, c'est la considération. Il est capable de toutes les petites vilenies pour garder sa tranquillité et pour voler la considération. Sa conscience, peu scrupuleuse, n'élève pas contre lui, en pareil cas, le moindre reproche. Il est incapable de braver l'opinion. Enfin, il vit sans idéal : pour boire, pour manger, pour dormir, comme la brute ou comme la plante. Un point, c'est tout.

Ce type-là, c'est celui qu'on est convenu d'appeler un honnête homme. Vous avez vu çà sur des affiches : « Appel aux honnêtes gens! » Les « honnêtes gens », c'est ça! Moi je les appelle des fripouilles.

Une seule chose suffirait à condamner la morale officielle : c'est le système de répression sur lequel cette morale s'appuie. La répression est stérile et ceux qui l'emploient le savent bien. Ils savent qu'ils ont beau forger des lois et toujours des lois, ces lois n'élèvent pas le niveau moral ; elles l'abaissent. Dans les pays, dans les civilisations où le code est le moins touffu, où il y a le moins de dispositions législatives, où l'appareil de répression est inexistant ou réduit au minimum, le niveau moral est beaucoup plus élevé ; c'est incontestable.

Le **Bien**, au surplus, consiste à prévenir la faute et non pas à réprimer et à sévir. Seulement, il faut à la société actuelle des délinquants et des criminels. On en fabrique à l'envi pour justifier à la fois le législateur, le magistrat, le policier, le gendarme, le gardien de prison et le bourreau. Le bourreau, voilà, dans notre société, le grand moralisateur.

Que n'ai-je, camarades, le temps d'opposer la vraie morale à cette caricature de morale ? J'en parlerai au cours de ma dernière conférence, lorsque j'examinerai l'ébauche de la société de demain. Je ferai, à ce moment-là, une place suffisante à la question morale. Je ne me bornerai pas à indiquer seulement comment production, répartition et consommation des produits pourront être obtenues dans un milieu libre et fraternel. Et je ne parlerai pas seulement de la vie intellectuelle de ceux qui nous succéderont. Je parlerai aussi de leur vie morale. Mais ce soir, tout ce que je veux dire — et ce sera mon dernier mot — c'est que la morale dont nous nous inspirons, que j'appellerai égalitaire parce que c'est une morale qui se pratique entre égaux et qu'elle est faite de réciprocité, consiste dans un échange incessant des mille petits services qu'on est appelé à se rendre les uns les autres, qui embellissent la vie et en font le charme.

On n'a pas toujours l'occasion de se jeter à l'eau pour sauver un enfant en danger et le rendre à sa mère, ni d'escalader une échelle pour aller à travers l'incendie arracher à la mort une personne que la flamme déjà pourlèche. On n'a pas tous les jours l'occasion d'accomplir un acte héroïque. Mais on a tous les jours, à tout instant, l'occasion d'être utile à quelqu'un, de faire plaisir ou de rendre service. Et ce sont ces mille plaisirs faits les uns aux autres, ces mille services rendus réciproquement, qui embellissent la vie et qui en font le charme.

Soyons égaux, disons-nous aux hommes, et nous entendons par là : « Ne soyons ni maîtres, ni esclaves. Fuyons la domination autant que la servitude. Ne consentons pas à être exploités ni à être exploiteurs. Vous ne voulez pas être volés? soit ; mais ne devenez pas davantage voleurs. »

La vraie morale, la voilà. Elle consiste à n'être ni maîtres, ni esclaves. Nous ne voulons faire la loi à personne, ni contre personne, ce qui nous autorise à secouer le joug de la loi. Nous ne voulons imposer de chaînes à personne, et voilà pourquoi nous voulons briser les nôtres. Nous ne voulons donner des ordres à personne, mais nous ne voulons pas en recevoir. Quand il n'y aura plus ni maîtres, ni serviteurs, les hommes seront justes, fraternels, loyaux ; alors ils seront vertueux ; et la vertu se pratiquera pour ainsi dire sans effort ; elle sera en quelque sorte spontanée, naturelle ; elle deviendra chez nous, non seulement un sentiment, mais une habitude.

Quand tu vivras dans cette société, mon frère, tu ne mentiras plus. Sais-tu pourquoi? Ce n'est peut-être pas que tu seras meilleur qu'aujourd'hui. Mais aujourd'hui, tu vis dans une atmosphère de mensonge et d'hypocrisie, tu subis l'entraînement général, tu fais en quelque sorte comme les autres. Dans la société future, tu ne mentiras pas, parce que tu n'auras plus aucune raison de mentir et que tes lèvres s'ouvriront plus facilement à la vérité qu'au mensonge. On ne ment que lorsque l'on a un intérêt à mentir. Quand, au contraire, l'intérêt du mensonge disparaît, on dit la vérité d'autant plus naturellement qu'on n'a plus à supporter les mensonges des autres.

Tu ne haïras plus, mon frère, puisque tu n'auras plus aucune raison de haïr et que nos lèvres prononcent plus facilement des mots d'amour que des mots de haine.

Tu ne seras plus cupide, mon frère, puisque la fortune, la richesse privée seront abolies, et que tu n'auras aucun moyen d'en acquérir toi-même. Pourquoi serais-tu cupide?

Tu ne seras plus ambitieux, ni autoritaire, puisque les Pouvoirs qui stimulent les ambitions et confèrent l'autorité auront été brisés.

Tu vivras donc en parfaite égalité avec les autres hommes. Tu seras ton maître. Tout sera commun ; peines et joies, craintes et espérances, abondance et disette.

Jeunes gens qui m'écoutez, peut-être vivrez-vous ce rêve merveilleux. Je vous le souhaite de tout mon cœur. C'est une grande joie pour moi de penser que si mes yeux se ferment avant que je n'aie eu l'immense satisfaction de saluer l'aurore de ce beau jour , vous vivrez, vous, grâce à votre jeunesse — peut-être — ce jour de paix, de fraternité, d'amour, de vérité, d'abondance et de justice.

Faites effort en vue de mériter la réalisation de tout cela. Et le meilleur moyen de le mériter, le meilleur moyen de vivre ce rêve, c'est de le préparer. Songez qu'en le préparant, mes amis, vous le vivez déjà, ce rêve magnifique!

Jeunes gens qui m'entendez et dont je pourrais être le père, jeunes gens que j'aime comme si vous étiez mes fils ; hommes d'un certain âge appartenant, non pas à ma génération, mais à la génération qui suit, jeunes hommes qui pourriez être mes fils aussi et dont je me flatte, en tout cas, d'être le frère aîné ; jeunes gens et hommes d'âge mûr, songez à ce que vous devez faire désormais. Vous avez vingt, trente, quarante ans ; vous êtes encore jeunes.

Vous n'avez peut-être pas fixé votre choix sur la direction vers laquelle vous allez marcher. Voyez devant vous. Deux voies vous sont ouvertes. L'une, large, éclairée, tumultueuse, où la foule se précipite ; l'autre, au contraire, petit chemin discret ayant à droite et à gauche des ronces et des épines, c'est ce chemin qu'il faut suivre. Vous ne serez pas nombreux, mais vous serez les meilleurs. Gardez-vous de la voie spacieuse et bruyante dans laquelle s'engage la multitude. Là n'est pas votre place. Hommes jeunes et courageux, si vous voulez travailler pour l'avenir, prenez au contraire le petit chemin. Vous n'y serez qu'avec quelques amis. Vous connaîtrez souvent des jours rudes. Il vous faudra abandonner peut-être ce que vous avez de plus cher, briser des amitiés précieuses, renoncer à des affections familiales qui vous unissent à ceux que vous aimez le plus. Mais vous vous sentirez emportés par l'amour de la propagande, quand vos yeux se seront ouverts, quand vous aurez constaté que, au bout de ce petit chemin, l'horizon s'agrandit, s'élargit, les sommets apparaissent radieux, vertigineux, les horizons démesurément étendus, et que tout y est fertile et beau : c'est la terre promise.

Jeunes gens, croyez-moi : prenez ce chemin-là. Vous vous en trouverez bien. Vous aimerez vos propres souffrances. Vous vous réjouirez de l'adversité quand celle-ci s'abattra sur vous. Vous sentirez que cette adversité est le coup de fouet parfois nécessaire et vous ne vous laisserez pas aller à ralentir votre marche.

J'ai été trop heureux dans la vie, trop entouré d'affection, quand mes camarades me vouaient une estime trop grande, presque une vénération. Et j'ai été victime, vous le savez, d'une épreuve redoutable. J'en suis content. Ma haine pour la société actuelle commençait à fléchir, mon esprit de révolte à s'émousser. Il a fallu que je sois victime d'une injustice épouvantable pour que je sente combien je devais haïr cette société, et je la hais plus que jamais.

Si vous le permettez, je terminerai — c'est l'affaire de deux minutes — par un court récit. On a tort de parler de soi, c'est vrai. Cependant, quand on en parle sans vanité, sans orgueil, non pour se donner en exemple, mais pour entraîner ses amis dans la bonne voie, on est, je pense, excusable.

C'était en 1891. Il y a, vous le voyez, vingt-neuf ans, bientôt trente. J'étais en prison à Aix-en-Provence, près de Marseille. Je venais d'être condamné à dix-huit mois pour un discours que j'avais prononcé au cours des conférences que je faisais dans le Midi. Ma mère habitait à ce moment à l'étranger, en Orient. Il y avait plusieurs années que je ne l'avais vue. Elle avait eu de mes nouvelles, mais assez rares. Cependant, ma mère avait pour moi une profonde affection et je vous assure que je la lui rendais bien. J'étais même son gâté. Je me rappelle qu'elle me disait souvent : « Toi, tu ne m'as jamais donné de mal ; tout petit, tu ne faisais que téter et dormir ; tu étais un enfant charmant. » (J'ai bien changé depuis.) « Mais depuis, ajoutait-elle, que de mal tu m'as donné ! Que d'inquiétudes tu m'as causées ! Que de larmes j'ai versées pour toi ! »

Et ma mère, venant en France, arrive à Paris. Je m'étais bien gardé de lui dire que j'étais en prison. Mais elle s'inquiète de moi et l'apprend. Elle se rend à Aix-en-Provence et me dit à travers ses larmes (je l'entends encore) : « Mon enfant, il paraît que tu es anarchiste. Est-ce vrai ? » Et je lui réponds : « Oui, maman, c'est vrai. » Je voyais bien la peine que je lui faisais, elle qui m'avait élevé si pieusement et si bourgeoisement. Je sentais bien la distance qu'il y avait entre son cœur et le **mien**. Mais il fallait bien que je lui dise la vérité. Elle me demandait si j'étais anarchiste, et c'était précisément comme anarchiste que j'étais en prison. Je lui dis : « Oui, c'est vrai ; je suis anarchiste. » Et elle de se lamenter : « C'est affreux, c'est horrible ! »

Je tentai, non pas de la convaincre — je n'y serais pas parvenu — mais de lui expliquer pourquoi et comment j'étais anarchiste. Et elle finit par me dire, après une longue conversation dont je ne vous indique pas les détails — ce serait superflu — : « Oui, tu as raison ; il y a, dans ce monde, en effet, trop d'injustice, trop de misère, trop d'inégalité ; et je comprends que toi, qui as le cœur sensible et l'imagination ardente, cela te révolte ; mais il y a une autre façon de servir la cause ; on m'a dit que tu avais du talent, de l'ascendant sur les foules (je ne sais pas qui avait dit cela à ma mère), et que si tu voulais tu serais, tout comme un autre, oui, député ou sénateur ; alors tu pourrais servir plus utilement tes idées et tu ne risquerais plus d'être en prison ; tu aurais tout avantage à cela, mon enfant. »

Je pardonnai à ma mère de me tenir un tel langage. Elle n'était pas anarchiste et ne savait pas qu'un anarchiste ne veut être ni député, ni sénateur, et que du jour où il briguerait un mandat c'est qu'il cesserait d'être anarchiste. Je me bornai simplement à lui dire : « Maman, je suppose que j'aie le choix entre deux jeunes filles ; l'une et l'autre sont disposées à me prendre pour mari ; l'une est très riche, mais je la trouve laide, bête et méchante ; l'autre n'a pas le sou, mais je la trouve belle, intelligente et bonne. Si je vous demandais, maman, laquelle des deux jeunes filles je dois épouser, quelle est celle à laquelle je dois attacher ma vie, avec laquelle je dois connaître les difficultés du chemin que nous aurons à parcourir ensemble, quel choix me conseilleriez-vous? »

Et ma mère me répondit : « Je serais heureuse, certes, que tu fisses un brillant mariage, mais je ne te donnerai jamais le conseil de marcher sur ton cœur ; je te dirais : Epouse celle que tu aimes ; pauvre, cela ne fait rien ; tu seras plus heureux avec elle pauvre qu'avec l'autre eût-elle des millions, si tu aimes celle-là et si tu n'aimes pas celle-ci. »

« — Eh bien, maman, lui ai-je dit alors, sans vous avoir consultée, j'ai suivi par avance votre conseil. J'avais le choix entre une jeune fille riche, mais que je trouve bête, laide et méchante : c'est la société bourgeoise ; et une jeune fille pauvre, mais jolie, intelligente et bonne : c'est l'anarchie. J'ai choisi. »

Et maintenant que je suis arrivé à l'âge où la mort commence à me guetter, où, de temps en temps, je sens son aile frôler en passant mon épaule déjà un peu courbée, si je jette un regard en arrière, j'estime que, depuis quarante ans que j'ai contracté cette union avec l'anarchie, j'ai connu l'existence la plus heureuse et je ne regrette pas la richesse à laquelle j'ai tourné le dos.

J'aime mieux la pauvre et misérable Anarchie en haillons que l'autre en robe de soie, l'Anarchie sans bijoux que l'autre avec des diamants, l'Anarchie dans les privations que l'autre dans l'opulence, l'Anarchie même en prison que l'autre au Pouvoir.

Chacune des Brochures de "La Bonne Collection"
PRIX FRANCO **0.60**

La Collection des 75 premiers numéros
Prix franco recommandé : 30.60